TABLEAU

DES

CHAMPIGNONS

OBSERVÉS DANS LES ENVIRONS DE METZ,

précédé

DE QUELQUES CONSIDÉRATIONS SUR LEUR NATURE, LEUR EMPLOI DOMESTIQUE,
LES ACCIDENS QU'ILS PRODUISENT DANS CERTAINS CAS ET LES MOYENS
DE LES PRÉVENIR OU D'Y REMÉDIER, ETC.,

PAR MM. FOURNEL ET HARO,

Membres de l'Académie Royale de Metz et de la société d'Histoire Naturelle
du département de la Moselle.

Premier Mémoire.

METZ.
S. LAMORT, IMPRIMEUR DE L'ACADÉMIE ROYALE.

1838.

TABLEAU

DES

CHAMPIGNONS

OBSERVÉS DANS LES ENVIRONS DE METZ.

(Extrait des Mémoires de l'Académie Royale de Metz, année 1837 — 1838.)

MESSIEURS,

Le tableau que nous avons l'honneur de vous présenter contient l'énumération des espèces de champignons observées dans les environs de Metz, qui se rapportent aux genres suivans :

Morchella	5	Boletus	5
Leotia	1	Polyporus	13
Spathularia	1	Dadalea	5
Geoglossum	2	Schizophyllum	1
Clavaria	4	Merulius	1
Merisma	1	Cantharellus	5
Thelephora	9	Agaricus	94
Hydnum	3	Phallus	1
Fistulina	1		

Notre but étant de répondre à la question posée par

l'Académie, nous ne parlons dans ce tableau que des espèces connues vulgairement sous le nom collectif de *champignon*, et dont les auteurs ont formé une tribu distincte. C'est cette tribu qui fournit le plus grand nombre d'espèces comestibles ou vénéneuses. Ces végétaux sont de formes diverses, charnus ou subéreux, c'est-à-dire ayant la consistance du liége ; ils naissent sur la terre, sur le fumier ou le bois mort, et bien que quelques-uns se trouvent sur les arbres vivans et enfoncent leurs radicules sous l'écorce, on ne peut pas pour cela les considérer comme parasites. Leur reproduction s'opère à l'aide de petits corps désignés sous le nom de sporules, qui représentent les graines des plantes d'un ordre supérieur ; ces sporules ou graines sont presque toujours enfermées dans des *thèques* et portées sur une membrane fructifère appelée *hymenium* qui recouvre le *receptacle* ou *chapeau*. Ces deux organes, l'hymenium et le chapeau, fournissent de bons caractères pour distinguer les genres entre eux.

Mais nous nous bornerons dans ce premier travail à la nomenclature des espèces avec leur synonymie, l'indication des localités et l'époque de leur entier développement ; nous nous proposons de donner plus tard leur description sur un nouveau plan.

Nous avons ajouté à ce simple catalogue quelques considérations sur leur nature, leur emploi domestique, les accidens qu'ils produisent dans certains cas et les moyens de les prévenir ou d'y remédier.

Depuis que l'on signale les dangers qui sont le résultat de l'emploi des champignons, que l'on essaie d'effrayer les gastronomes par tous les exemples d'empoisonnemens causés par ces plantes vénéneuses, on ne devrait plus les connaître dans l'art culinaire, si les hommes étaient assez raisonnables pour sacrifier au soin de leur santé et même de leur vie la satisfaction d'un plaisir momentané, qui bien souvent, n'a d'autre mérite que l'habitude, la mode ou la rareté.

La prévoyante nature n'a-t-elle pas assez bien doté le gourmand en rendant tributaires du cuisinier habile toutes les productions sapides et odorantes des tropiques, toutes les ressources inépuisables du potager ; faut-il qu'il aille demander un assaisonnement à une plante trompeuse dont les propriétés éphémères peuvent donner la mort un instant après avoir promis une jouissance.

Car les amateurs ne courent pas le seul danger de manger avec confiance une espèce nuisible qu'il est si facile de confondre avec sa congénère innocente, celle-ci peut sous certaines influences distiller aussi le poison, et si elle ne donne pas toujours la mort, son usage est plus fréquemment suivi d'indigestions qui font payer bien cher la délicatesse de sa saveur.

L'ignorance ne peut pas être invoquée pour excuse d'un accident ; les avertissemens n'ont jamais fait défaut. On lit dans le *Cuisinier des familles :* « Le champignon
» de quelque bonne qualité qu'il soit est toujours indigeste
» et un orage peut le gâter et le rendre vénéneux ; » —
» les meilleurs champignons, dit Buchan, « pris en grande
» quantité sont nuisibles, parce qu'ils produisent de mau-
» vais sucs, parce qu'ils tendent à une prompte putré-
» faction, et que par leur qualité spongieuse ils se di-
» gèrent difficilement. » — Itard n'en fait pas plus grand cas dans ce passage. « Les champignons sont tous d'une
» consistance dure et tannée, ils sont indigestes, et don-
» nent peu de nourriture quoiqu'ils ressemblent beaucoup
» aux alimens tirés du règne animal, et comme on ne peut
» aisément distinguer l'espèce la moins nuisible de celle

» qui est dangereuse, c'est une raison suffisante de s'abs-
» tenir de toutes. »

Voilà long-temps qu'on le dit, et le champignon n'en fleurit pas moins sur toutes les couches, n'en forme pas moins le condiment exigé des pâtés et des blanquettes, la joie des hors-d'œuvre et des entremets.

Mais s'il est vrai que les périls de la gastronomie ont éveillé la sollicitude des savans qui se sont occupés de l'étude épineuse de cette famille singulière de plantes, et ont ainsi fait voir le jour aux beaux ouvrages de *Bulliard*, de *Persoon*, de *Paulet*, nous pouvons nous consoler, à part quelques accès de choléra, du peu de fruit que portent les conseils de l'hygiène, et répéter avec le docteur Pangloz : *Tout est pour le mieux dans le meilleur des mondes possibles.*

Vulgairement on ne donne le nom de champignon qu'aux espèces les plus répandues, *l'agaric comestible, les morchelles, les truffes*, et on désigne sous le nom de *vesce-loup* toutes celles dont on ne fait pas usage; les botanistes appellent ainsi une famille entière de plantes amphigames, comprenant plus de 5000 espèces, de formes, de couleurs très-variables, mais jamais d'un vert intense; rien n'est plus obscur que leur histoire physiologique : on a cru long-temps qu'ils provenaient de la sève des arbres, du limon de la terre, de la fermentation putride des corps organisés; Raspail les compare aux fongosités noires qui se forment vers le bout d'une mèche qui brûle sans être coupée de temps en temps, et ce n'est pas seulement à cause de la similitude de leurs formes, mais surtout à cause de leur analogie de structure et de végétation ; quelques botanistes considèrent ces plantes comme le fruit ou apothecium d'un byssus souterrain, tel est le *blanc de champignon* avec lequel les jardiniers reproduisent sur couche l'*agaric comestible.* Mais de toutes les opinions celle-ci nous paraît encore la moins fondée ; car, outre qu'il n'y a pas le moindre rapport entre l'épanouissement complet de la plante extérieure, et ce byssus à peine organisé, dont les fibres ténues et fugaces ne se continuent pas toujours, mais paraissent plutôt s'entre-croiser comme les premiers rudimens d'une organisation qui s'effectue au pied du champignon, on ne le voit guère se développer que dans le fumier et le terreau ; toutes les espèces raméales ou épiphylles, en sont dépourvues.

Quoi qu'il en soit de son origine, cette famille occupera toujours, dans le règne végétal, la même place que les reptiles parmi les animaux. De même que ceux-ci, par leurs formes peu agréables et quelquefois hideuses, leur allure rampante, leurs habitudes souterraines, sont devenus des objets de haine et d'horreur pour tout le monde, quoiqu'ils ne soient pas tous également à craindre ; l'aspect livide des champignons, les lieux sombres et humides qu'ils habitent, les matières en putréfaction où ils aiment à se développer, l'odeur vireuse, fade ou cadavérique qui s'échappe de leurs débris, les larves dégoûtantes qui y établissent leur demeure, et les traces visqueuses des limaçons inspireront toujours une sorte d'aversion et de méfiance instinctive qui nous avertit de nous mettre à l'abri du danger.

Et ce n'est pas sans raison, car malgré les travaux d'un grand nombre de botanistes, il n'est pas de partie de la science moins avancée que leur histoire ; le peu de caractères tranchés qu'ils présentent à l'observation, la variété infinie de formes qu'affecte le même individu, à des heures rapprochées du même jour, en rendent la détermination extrêmement difficile ; de deux espèces à peine différentes en apparence, il arrive souvent que l'une est un mets agréable et l'autre un poison violent ; tels sont *l'oronge blanche* si recherchée pour sa délicatesse et *l'agaric bulbeux* qui est l'espèce la plus dangereuse.

Nous tâcherons d'établir cette distinction dans la description comparée des espèces, parce qu'il n'existe pas de caractères absolus propres à isoler complètement un mauvais champignon d'un bon, cependant en général on peut regarder comme dangereux :

1° Tous ceux qui changent de couleur quand on les coupe ;

2° Ceux qui en vieillissant se fondent en eau noire ;

3° Ceux qui contiennent un suc laiteux ;

4° Ceux qui ont une consistance subéreuse ou coriace, molle, aqueuse, grenue ;

5° Qui ont une saveur styptique, âcre, poivrée, amère ;

6° Une couleur intense rouge ou livide ;

7° Leur habitation dans des lieux humides ;

8° Une odeur herbacée fade, vireuse, très-prononcée, désagréable, rappelant celle du soufre, de la terre humide ou de la térébenthine.

On pourra au contraire soupçonner un champignon de bonne qualité à ces caractères opposés.

1° S'il ne change pas de couleur quand on le coupe ;

2° S'il se dessèche au soleil sans entrer en putréfaction ;

3° S'il a une odeur de rose, d'amandes amères, de farine récente ;

4° Une saveur de noisette, ni fade, ni acerbe, ni astringente ;

5° Une surface sèche, charnue, une consistance ferme ;

6° Et surtout s'il s'est développé dans des lieux peu couverts, des friches, des bruyères.

Mais toutes favorables que soient ces catégories, elles ne donnent pas encore de certitude ; car si l'on peut affirmer dans quelques cas la nocuité d'un champignon, l'expérience seule peut servir de guide pour assurer ses bonnes qualités, aussi est-il toujours plus sage de rejeter tout individu incertain.

Les produits immédiats retirés par l'analyse chimique de ces végétaux sont très-nombreux. La *fongine*, matière molle, spongieuse, légèrement azotée, insoluble dans l'eau en forme la partie nutritive ; on l'obtient à l'aide de lavages. La propriété drastique de quelques espèces, comme le *boletus laricis*, est due à un principe résineux qui se retrouve dans tous les champignons vénéneux de nos climats. On pense que c'est à ce principe et à une matière grasse, d'une saveur âcre et amère que doivent être attribuées leurs qualités malfaisantes.

Considérés comme agens de destruction, ces végétaux ont été classés parmi les poisons *narcotico-âcres*; cependant il n'en est aucune espèce qui produise primitivement le *narcotisme*; s'il se manifeste des vertiges, un délire sourd, de l'assoupissement, ce n'est qu'après la période d'irritation signalée par les tranchées, la chaleur des entrailles, les évacuations par haut et par bas, une soif ardente. Les crampes, les convulsions, les douleurs déchirantes ne sont que des symptômes nerveux communs à toutes les inflammations aiguës du système digestif. On doit donc distinguer deux périodes dans les effets de ce genre d'empoisonnement : la période d'inflammation qui a son siége dans le tube digestif, et la période de réaction sur le système nerveux. Tous les poisons irritans, acides concentrés, ou sels minéraux, les drastiques végétaux à haute dose, produisent des effets semblables ou analogues ; on a trouvé dans tous les champignons vénéneux une matière résineuse, une matière grasse, âcre et amère qui se comportent comme toutes les substances irritantes du même ordre; leur action sur l'économie produit les mêmes désordres: la phlogose, l'épaississement des membranes, l'ulcération; ce serait donc plutôt dans la classe de ces derniers qu'il conviendrait de placer les champignons. Car ils sont loin de déterminer la même série de symptômes que les *narcotico-âcres*, tels que la noix vomique, le ticunas, dont l'action spécifique sur le système nerveux se révèle presqu'instantanément par le tétanos ou la paralysie.

Ces considérations nous conduisent à régulariser le mode de traitement et à en bannir cette foule d'antispasmodiques qui n'ont souvent été prescrits ou conseillés que sur la foi d'une dénomination fautive; on peut le résumer dans ces deux règles: 1º faire évacuer par la bouche, s'il en est encore temps, ou par le bas si la pâte alimentaire est déjà passée dans les intestins; 2º parer aux accidens inflammatoires par des déplétions sanguines, et aux symptômes cérébraux et nerveux qui en sont la conséquence, par tous les moyens employés en pareil cas. — La première règle peut être mise en pratique par tout le monde avant l'arrivée du médecin; car il est urgent, dans un cas d'empoisonnement constaté ou même seulement soupçonné, de débarrasser l'estomac de la présence du poison; mais il y a des précautions à prendre et une mesure à garder dans l'emploi des évacuans, si l'on ne veut s'exposer à aggraver le mal, et il serait souvent dangereux de suivre les conseils que donnent certains auteurs; il faut prendre garde de donner au malade une boisson alcoolique, acide ou salée, l'expérience ayant reconnu à ces liquides la propriété de dissoudre la partie active des champignons. Si l'on éprouve les premiers symptômes de l'empoisonnement peu de temps après le repas, au lieu de recourir à l'émétique, il vaut mieux faire boire de l'eau tiède en grande quantité et déterminer le vomissement en titillant la luette avec le doigt ou les barbes d'une plume ; si l'on éprouvait de la difficulté à vomir, il faudrait appliquer sur la région épigastrique un épithème très-chaud, soit une serviette, une brique ou un fer à repasser ; pratiquer aussi des frictions sur le ventre avec une flanelle, en opérant une assez forte pression ; quand, malgré ces moyens, l'estomac se refusera à l'évacuation, il sera encore mieux de faire pratiquer une saignée du bras, avant d'administrer l'émétique ; une potion huileuse, le blanc d'œuf battu dans l'eau à haute dose, pourront aussi être donnés avec succès ; dès que le vomissement a réussi, il faut songer à évacuer les champignons qui pourront se trouver dans les intestins, à l'aide d'un léger laxatif. L'huile de ricin, à la dose d'une à deux onces, est indiquée quand il n'existe pas de symptômes d'inflammation aiguë de l'estomac, dans ce cas il faut se borner aux lavemens purgatifs ; la manne, le sulfate de magnésie, en continuant l'usage des boissons mucilagineuses, huileuses, des émulsions.

Si tous ces moyens demeurent inefficaces, on a recours à une forte décoction de tabac donnée en lavement. Les auteurs citent plusieurs cas où l'on ne parvint à produire d'évacuations que par cet agent énergique.

Mais en général, les émétiques et les drastiques ne doivent être administrés qu'en présence du médecin, l'irritation qu'ils déterminent devant être suivie par un œil exercé, et modérée souvent par de fréquentes émissions sanguines qu'il serait quelquefois nuisible de faire à contre-temps.

Quant au traitement consécutif, ce n'est pas ici le lieu d'en parler, il doit varier en raison de la gravité des désordres et de l'ébranlement du système nerveux, produits par l'accident.

L'empoisonnement n'est pas toujours le résultat de l'usage des champignons vénéneux ; les meilleures espèces, les champignons de couche dont on est le plus certain, peuvent, dans quelques circonstances, acquérir les qualités les plus funestes ; ainsi les individus trop développés, ceux qui sont fanés, mous et aqueux, les champignons cuits de la veille et réchauffés, sont aussi dangereux que ceux qui le sont le plus de leur nature ; aussi, après un repas où l'on a mangé des champignons, si l'on éprouve du malaise, des nausées, des renvois, des borborygmes, les plus légers symptômes d'une indigestion, il ne faut pas se reposer sur la confiance qu'ils étaient bien choisis par des connaisseurs, mais ne pas perdre de vue les avis que l'on vient de donner sur leurs rapides métamorphoses : cette confiance, en faisant différer les moyens d'évacuation, auraient des résultats funestes en permettant à la digestion de s'achever et de livrer à l'organisme les molécules vénéneuses. Le plus sage, dans le doute, est donc de débarrasser l'estomac, car si l'on n'a pas toujours à craindre l'empoisonnement, une indigestion est toujours imminente, et c'est dans tous les cas se rendre un service que la faire avorter.

Néron appelait les champignons βρωμα θεων, c'est-à-dire viande des dieux, parce que l'empereur Claudius, à qui il succéda, mourut pour en avoir mangé et fut mis ensuite au nombre des dieux. Quoiqu'on n'accorde pas autant d'honneur à toutes les victimes de ces végétaux dangereux, on ne laisse pas de s'exposer journellement à leur action délétère, tant il est difficile de se soustraire à une habitude à la mode ;

Argentum atque aurum facile est
Lanamque togamque
Mittere, boletos mittere difficile est.

Nous ne pouvons donc pas mettre au nombre des substances alimentaires, une plante que tout représente comme l'ennemie d'une bonne digestion.

Cependant à en croire les auteurs, elle est d'une grande ressource dans les pays pauvres où la culture ne répond pas aux besoins des habitans. En Russie, dans quelques provinces de l'Allemagne, les paysans mangent avec leur pain assaisonné d'anis et de carvi, des champignons crus, parmi lesquels on compte plusieurs espèces qui ont toujours passé pour vénéneuses dans nos contrées.

En Italie, l'usage de ces plantes est aussi bien plus répandu et moins souvent suivi d'accidens qu'en France; mais ces exemples ne peuvent pas nous autoriser à nous nourrir de plantes qui, par leur nature, se refusent à l'action dissolvante de l'estomac, et ne doivent cesser de se montrer dangereuses que par une habitude prolongée : c'est ainsi qu'un grand nombre de plantes qui exercent sur nous une action médicinale servent d'alimens dans les contrées où on les récolte : telles sont les feuilles de rapontic, de houblon, de clématite des haies, et même de belladone. C'est donc plutôt à l'habitude qu'à leur innocuité que l'on doit attribuer la digestion facile des espèces de champignons dont font usage les habitans de la campagne; car il est à remarquer que l'on ne s'en sert habituellement que dans les mêmes familles, et certes si leurs voisins n'avaient pas de raisons pour s'en méfier, ils ne se feraient pas faute d'un aliment qui croît sous leur main. Dans notre ville, les enfans de plusieurs pauvres ouvriers sont occupés, dans la saison, à cueillir toutes les espèces d'agarics qui croissent sur les remparts ou dans les champs voisins ; il doit se glisser souvent dans leur récolte des individus vénéneux, et cependant ce n'est pas dans la maison du pauvre que se présente le plus grand nombre de cas d'empoisonnemens : tous leurs assaisonnemens consistent dans un peu de graisse, de poivre et de sel, le plus souvent ils les mangent crus et il paraîtrait que dans ce dernier état ils sont plus salubres, tandis qu'au contraire la coction développerait leurs propriétés indigestes. Un botaniste vécut pendant plusieurs semaines de champignons crus, avec du pain, ne buvant que de l'eau pure, et loin d'en éprouver une influence nuisible à sa santé, il sentit ses forces accrues pour ses courses : l'un de nous ne peut manger de champignons cuits sans en éprouver une indigestion. Plusieurs essais, suivis de vomissemens, de coliques et de défaillances, l'ont bien déterminé à ne plus se hasarder à semblable expérience, et il lui est arrivé cent fois, dans ses courses de botanique, de manger crus des morceaux de différentes espèces, sans avoir eu à s'en plaindre.

Le premier conseil que l'on pourrait donc donner aux personnes qui ne sont pas accoutumées à ce genre d'alimens, serait de les manger tels que les présente la nature, si la nécessité les porte à y puiser leur nourriture, elles les trouveront plus nourrissans, et si on ne leur demande qu'un parfum, il est certain que pour conserver leur goût naturel, il ne faut pas les dénaturer par les préparations culinaires.

Le sel, le vinaigre, le vin, les graisses dont on se sert communément pour les accommoder, ayant la propriété de dissoudre quelques-uns de leurs principes, doivent nécessairement en faire changer les propriétés, et, quoique l'on ne puisse pas encore bien préciser la nature des nouvelles combinaisons que la coction ou les condimens développent dans leur texture, il est bien probable que ce n'est qu'à ces circonstances que l'on doit rapporter les observations étonnantes d'empoisonnemens produits par les espèces comestibles les plus certaines. On sait que le vinaigre a la faculté de dissoudre la partie active des espèces les plus vénéneuses, en sorte que l'on peut avaler impunément leur parenchyme : l'eau salée jouit de la même propriété ; c'est aussi en se chargeant des parties résineuses du boletus laricis, que le vin et l'alcool fournissent à la médecine un purgatif drastique des plus énergiques ; on ne doit donc pas perdre de vue ces propriétés dans la préparation des champignons. Sachant que les liquides acides, salins ou alcooliques mettent à nu le principe vénéneux, on se gardera bien de les employer avec les espèces dont la nature ne sera pas bien constatée, et il sera toujours prudent, avant de les faire cuire, de les laisser macérer pendant quelques heures dans de l'eau salée, vinaigrée ou vineuse ; cette eau se chargera de la partie vénéneuse si elle existe, et elle sera rejetée avec soin.

Ce sont surtout les agarics, les bolets, les polypores, les chanterelles et les hydnes qu'il faut soumettre à cette opération, parce que ces genres nombreux contiennent un grand nombre d'espèces qui ont l'apparence des champignons comestibles, quoiqu'elles soient très-vénéneuses, et qu'il est facile de se tromper sur le choix. Les truffes et les clavaires n'offrent pas les mêmes dangers ; les premières sont toutes bonnes à manger, et parmi les secondes toutes les espèces ramifiées qui appartiennent au sous-genre *Ramaria* n'ont encore donné lieu à aucun accident grave ; mais il n'en est pas de même des véritables clavaires qui sont toutes vénéneuses.

Ce ne sera qu'en s'entourant de toutes ces précautions que l'on pourra faire usage, sans avoir lieu de s'en repentir, de la famille végétale qui nous occupe ; on n'oubliera pas que si les champignons contiennent des parties alibiles, ils recèlent aussi des principes réfractaires à l'action des organes digestifs ; que ceux-ci ne s'accoutument à leur présence que par une habitude prolongée ; que par conséquent il faut en manger peu à la fois, et augmenter graduellement la quantité jusqu'à ce que l'on s'aperçoive qu'ils passent facilement, et comme on connaît quelques substances généralement répandues, qui peuvent leur enlever leurs qualités nuisibles, on ne s'exposera pas à jouer sa vie en négligeant de les soumettre à la préparation que nous venons d'indiquer. C'est alors seulement que l'on pourra compter parmi les alimens les milliers d'individus qui périssent à toute heure dans nos bois, et seraient sans contredit d'une grande ressource pour les indigens.

On a attribué aux champignons toutes les propriétés des substances excitantes. Les champignons, dit un ancien auteur, nourrissent, fortifient, donnent de l'appétit et ont toutes les qualités nécessaires pour satisfaire agréablement le goût; mais n'est-il pas plus naturel de faire honneur de ces heureux effets aux épices de haut goût dont on les assaisonne, et aux vins généreux dont on conseille de les arroser, sous le prétexte d'envelopper les parties salines auxquelles les anciens attribuaient leur nature âcre et corrosive ? et n'est-ce pas ainsi qu'il faut expliquer l'action connue des truffes, car c'est dans le vin qu'il faut les faire cuire pour éprouver leur *stimulus* et en obtenir ce qu'elles-mêmes, d'après la croyance vulgaire, ne produisent pas.

> *Semina nulla damus, nec semine nascimur ullo;*
> *Sed qui nos mandit, semen habere putat.*

Conduits par ce préjugé, les anciens médecins avaient

déterminé les tempéramens, les âges, les saisons, où les différentes espèces pouvaient convenir ou devenir nuisibles. En hiver on conseillait les truffes aux vieillards, aux phlegmatiques, et à ceux dont l'estomac digérait avec peine ; on les défendait aux jeunes gens d'un tempérament chaud, aux mélancoliques et aux atrabilaires.

Mais en dégageant les champignons de tous les condimens accessoires dont les propriétés excitantes sont bien avérées, on ne peut y voir raisonnablement qu'un aliment spongieux, de difficile digestion, auquel il ne faudrait recourir que par nécessité ; il sera donc toujours sage de détourner les indigens d'en faire usage dans nos contrées ; ces plantes crues ont un aspect qui provoque la répugnance, et le prix des assaisonnemens qu'ils demandent, quand on les soumet à la coction, s'élevera toujours au-dessus de celui des légumes, plus nourrisans et plus salubres ; que si l'on ne veut en faire qu'un objet d'agrément, il convient, après avoir choisi les espèces saines, de les monder de leurs feuillets et de leurs tubes, d'en retrancher le pédicule qui est ordinairement d'une texture moins fine, ensuite on les fait tremper dans de l'eau froide ou tiède, légèrement salée ou vinaigrée, pour les faire blanchir, mais cette eau doit être rejetée.

On favorise leur digestion par une mastication prolongée et par des assaisonnemens convenables, comme le sel, le poivre, les échalottes, le persil, la muscade, le vinaigre et le vin. Quant aux corps gras ou huileux, ils ne sont utiles, dans l'apprêt des champignons, que pour en amollir la chair naturellement sèche ; ils lui donnent plus de moelleux et en facilitent la division ; c'est ainsi que l'on prépare les champignons en caisse, sur le gril, en fricassée de poulet, l'émincé de truffes, etc. N'oublions pas une dernière recommandation, c'est de ne pas conserver les champignons accommodés, car ils s'altèrent facilement et acquièrent des qualités délétères. Les auteurs citent une foule d'exemples d'empoisonnemens causés par de bons champignons imprudemment réchauffés par des personnes qui n'en connaissaient pas le danger. Nous avons été témoins, il n'y a pas un an, des effets d'un semblable accident, qui heureusement n'a pas eu de résultat funeste.

TABLEAU DES ESPÈCES OBSERVÉES.

I. G. MORILLE : *Morchella*. (Dill.)

1. Morille comestible : *Morchella esculenta*. (Pers.)
  DC. fl. fr. 2. p. 213.
  Phallus esculentus. (Lin.)
  Bull. t. 218.

Dans les bois, sur la terre, au printemps. A la grange aux Ormes. Briey. *Comestible.*

2. Morille conique : *Morchella conica*. (Pers.)
  Pers. Champ. comest. 256.

Avec la précédente. *Comestible.*

3. Morille tremelloïde : *Morchella tremelloides*. (Pers.)
  Phallus tremelloïdes. (Vent.)
  Bull. t. 218. f. 1.

Dans les bois de Montoy-la-Montagne.

4. Morille étendue : *Morchella patula*. (Pers.)
  Chev. fl. par. I. t. 8. f. 6.

Bois de Montoy, en avril.

5. Morille a moitié libre : *Morchella semi-libera.* (DC.)
DC. fl. fr. 2. p. 212. (Ecl. syn.)

Même localité que la précédente.

II. LÉOTIE : *Leotia.* (Hill.)

1. Léotie gélatineuse : *Leotia gelatinosa.* (Hill.)
Helvella gelatinosa. (Bull. t. 473. f. 2.)
DC. fl. fr. 2. p. 95.
Vaill. bot. par. t. 11. f. 7 — 9.

Croît par touffes et parmi les feuilles tombées dans les lieux humides ; les bois de Montoy, Frescaty, Grimont ; assez commune.

III. SPATHULAIRE : *Spathularia.* (Pers.)

1. Spathulaire jaunatre : *Spathularia flavida.* (Pers.)
DC. fl. fr. 2. p. 95.

Croît par touffes sur les mousses ; en automne. Grange aux Ormes. Très-rare.

IV. GÉOGLOSSE : *Geoglossum.* (Pers.)

1. Géoglosse hérissé : *Geoglossum hirsutum.* (Pers.)
Clavaria ophioglossoides. (Holmsk. ot. 1. p. 18. tab. VIII.)

Croît dans les lieux herbeux et marécageux des bois de Woippy, en automne. Très-rare.

2. Géoglosse glabre : *Geoglossum glabrum.* (Pers.)
Clavaria ophioglossoides. (Lin).
Bull. champ. t. 372.
DC. fl. fr. 2. p. 101.
Vaill. bot. par. t. 7. f. 3.

Sur la terre dans les lieux herbeux ; bois de Woippy, en automne. Rare.

V. CLAVAIRE : *Clavaria.* (Vaill.)

1. CLAVAIRE INÉGALE : ***Clavaria inœqualis.*** (Fl. Dan.)
   V. A. *Fasciculata.*
   Clavaria fasciculata. (DC. fl. fr. 2. p. 97.)
   V. B. *Bifurca.*
   Clavaria bifurca. (Bull. t. 264.)
   DC. fl. fr. 2. p. 98.

Sur la terre, en automne. Woippy, rare. La variété A est simple et la V. B rameuse ou plutôt bifurquée.

2. CLAVAIRE EN PILON : ***Clavaria pistillaris.*** (Lin.)
   Bull. t. 244.
   DC. fl. fr. 2. p. 96.

Croît sur la terre dans les bois de Vaux, Montoy-la-Montagne, etc. Commune.

3. CLAVAIRE CENDRÉE : ***Clavaria cinerea.*** (Vill.)
   Bull. t. 354.
   DC. fl. fr. 2. p. 100.
   Vulg. *Menottes grises, Gantelines.*

Sur la terre, dans les bois. Grimont, rare. *Comestible.*

4. CLAVAIRE FAUVE : ***Clavaria flava.*** (Pers.)
   Clavaria coralloïdes lutea. (Bull. t. 222.)
   DC. fl. fr. 2. p. 100.
   Vulg. *Menottes, Gantelines, Balais.*

Sur la terre, dans les bois de Montoy, Vaux, Grimont, d'août en septembre ; commune. *Comestible.*

VI. MÉRISME : *Merisma.* (Pers.)

1. Mérisme en crête : *Merisma cristatum.* (Pers.)
   Clavaria laciniata. (Bull. t. 415. f. 1.)
   DC. fl. fr. 2, p. 102.

Sur la terre dans les lieux humides des bois, d'août en octobre. Grimont; assez rare.

VII. AURICULAIRE : *Thelephora.* (Willd.)

1. Auriculaire terrestre : *Thelephora terrestris.* (Ehr.)
   DC. fl. fr. 5. p. 31.
   Auricularia caryophyllea. (Bull. t. 268.

Sur la terre, dans les bois sablonneux, en automne. Les Etangs, Hargarten-aux-Mines.

2. Auriculaire velue : *Thelephora hirsuta.* (Willd.)
   Auricularia reflexa. (Bull. t. 274 et 483. fig. 3. 4.)
   Thelephora reflexa. (DC. fl. fr. 2. p. 105.)

Sur les arbres morts, les pieux, les bois pourris; commune au Saulcy, dans les chantiers.

3. Auriculaire rubigineuse : *Thelephora rubiginosa.* (Schrad.)
   Thelephora ferruginea. (DC. fl. fr. 2. p. 104.)
   Auricularia ferruginea. (Bull. t. 378.)

Croît sur les vieilles souches et particulièrement sur le chêne et le hêtre. Commune au Saulcy.

4. Auriculaire pourpre : *Thelephora purpurea.* (Pers.)
   Thelephora reflexa. V. Amethystea. (DC. fl. fr. 2. p. 105.)
   Bull. t. 493. fig. 1.

Sur les troncs d'arbres, en automne. Commune au Saulcy, dans les chantiers.

5. Auriculaire corticale : *Thelephora corticalis.* (DC.)
DC. fl. fr. 2. p. 106.
Thelephora quercina. (Pers.)
Auricularia corticalis. (Bull. t. 436. fi. 1.)

Sur les branches mortes, les vieux bois, au printemps et en automne. Commune au Saulcy.

6. Auriculaire en forme de disque : *Thelephora disciformis.* (DC.)
DC. fl. fr. 5. p. 31.
Thelephora discoidea. (Pers.)

Cette espèce est indiquée sur les troncs des chênes vivans. Nous la possédons des environs de la côte Saint-Quentin ; très-rare.

7. Auriculaire rose : *Thelephora rosea.* (Pers.)
DC. fl. fr. 5. p. 33.

Commune sur les écorces en automne.

8. Auriculaire bleue : *Thelephora cœrulea.* (DC.)
DC. fl. fr. 2. p. 107.

Sur les bois pourris et les palissades. Elle n'est pas rare au Saulcy.

9. Auriculaire couleur de chaux : *Thelephora calcea.* (Pers.)
DC. fl. fr. 5. p. 32.

Sur les peupliers, les trembles, assez commune. Trouvée aussi sur des bois pourris dans un caveau de teinturier, à Briey.

VIII. HYDNE : *Hydnum.* (Lin.)

1. Hydne sublamelleux : *Hydnum sublamellosum.* (Bull. t. 453. f. 1.)
   Sistotrema confluens. (Pers.)
   DC. fl. fr. 2. p. 112.

Bois de Grimont ; rare.

2. Hydne sinué : *Hydnum repandum.* (Lin).
   Bull. t. 172.
   DC. fl. fr. 2. p. 111.
   Vaill. Bot. par. 414. f. 6. 8.

Dans les bois, en été et en automne. Briey, Montoy-la-Montagne, Ars-la-Quenexy ; assez commun. *Comestible.*

3. Hydne en coupe : *Hydnum cyathiforme* (Bull.)
   Bull. t. 156.
   DC. fl. fr. 2. p. 111.
   Hydnum concrescens. (Pers.)

Dans les bois, en automne. Grimont, assez rare. *Nuisible.*

IX. FISTULINE : *Fistulina.* (Bull.)

1. Fistuline hépatique : *Fistulina hepatica.* (Fries.)
   Fistulina buglossoïdes. (Bull. t. 74. 464 et 497.
   Boletus hepaticus. (Schœff.)
   DC. fl. fr. 2. p. 113.

Sur les vieux chênes. Grimont ; très-rare.

X. BOLET : *Boletus*. (Pers.)

1. Bolet subtomenteux : *Boletus subtomentosus*. (Lin.)
Boletus communis. (Bull. t. 393.)
Boletus chrysenteron. (DC. fl. fr. 2. p. 126.)

Comestible. Croît dans les bois en été et en automne. Principalement entre Woippy et Fêves ; commun à Colombé et au bois de Grimont.

2. Bolet comestible : *Boletus esculentus*. (Pers.)
Boletus edulis. (Bull. t. 60 et 494.)
DC. fl. fr. 2. p. 124.

Comestible. Se trouve dans les mêmes localités que le précédent. Frescati.

3. Bolet bronzé : *Boletus œreus*. (Bull.)
Bull. t. 385.
DC. fl. fr. 2 p. 124.

Comestible. Croît dans les bois au commencement de l'automne. Augny, Jouy.

4. Bolet visqueux : *Boletus viscidus*. (Lin.)
Boletus aurantiacus. (Bull. t. 489 f. 2.
Boletus scaber. (Bull. t. 132.)
DC. fl. 2. p. 126.

Comestible. Dans les bois de Woippy et de Colombé, Grimont, en été et surtout à l'entrée de l'automne.

5. Bolet indigotier : *Boletus cyanescens*. (Bull.)
Bull. t. 369.
DC. fl. fr. 2. p. 125.

Dans les bois, il est commun à l'automne, partout.

XI. POLYPORE : *Polyporus.* (Mich.)

1. Polypore cendré : *Polyporus fuligineus.* (Fries.)
   Boletus polyporus (Bull. t. 469.)
   DC. fl. fr. 2 p. 123.

Dans les bois et plus rarement dans les jardins ; à la Bonne-Fontaine, près des étangs de Lorry.

2. Polypore vivace : *Polyporus perennis.* (Lin.)
   V. A. *Coriaceus.*
   Boletus Coriaceus. (Bull. t. 449.)
   Boletus perennis. (fl. fr. 2. p. 122.)
   V. B. *fimbriatus.*
   Boletus fimbriatus. (Bull. t. 254.)
   DC. fl. fr. 2. p. 122.

Sur la terre et les vieilles souches. Automne. Grimont, Woippy, autour de l'étang ; assez rare. V. B. mêmes localités, mais plus commun.

3. Polypore luisant : *Polyporus lucidus.* (Fries.)
   Boletus obliquatus. (Bull. t. 459.)
   DC. fl. fr. 2 p. 121.

Sur les troncs d'arbres en été ; rare. Trouvé deux fois dans nos environs, sur la route de Vallières et à la Bonne-Fontaine sur les troncs de saules.

4. Polypore sulfurin : *Polyporus sulfureus.* (Fries.)
   Boletus sulfureus. (Bull. t. 429.)
   DC. fl. fr. 2. p. 120.

Sur les troncs des vieux chênes et des hêtres. Été. Près du second étang de Lorry ; Ars, le long du ruisseau ; assez rare.

5. Polypore rameux : *Polyporus ramosus.* (Fries).
   Boletus ramosus. (Bull. t. 418.)
   DC. fl. fr. 2. o. 114.

Croît sur les vieux bois de charpente. Rare.

6. Polypore basané : *Polyporus adustus.* (Fries.)
   Boletus pelloporus. (Bull. t. 501. f. 2.)
   DC. fl. fr. 2. p. 115.

Croît sur les troncs et les branches mortes. Automne. Bloury, Grange-aux-Ormes.

7. Polypore odorant : *Polyporus suaveolens.* (Fries).
   Boletus suaveolens. (Lin.)
   V. B. *Inodorus.*
   Boletus salicinus. (Bull. t. 433).
   DC. fl. fr. 2. p. 119.

Croît sur les vieux troncs de saules. La variété A près de Vallières. Automne et hiver.

8. Polypore bigarré : *Polyporus versicolor.* (Fries).
   Boletus versicolor. (Lin.)
   Bull. t. 86.
   DC. fl. fr. 2. p. 114.

Très-commun en été et en automne sur les arbres morts et les bois de charpente. Saulcy dans les chantiers, Chambière.

9. Polypore faux-amadouvier : *Polyporus dryadeus.* (Fries.)
   Boletus pseudo-ignarius. (Bull. t. 458.)
   DC. fl. fr. 2. p. 116.

Croît sur le tronc de divers arbres, mais principalement sur celui des chênes. Le long du ruisseau de Bloury.

10. Polypore ongulé : *Polyporus fomentarius.* (Fries.)
    Boletus ungulatus (Bull. t. 491).
    DC. fl. fr. 2. p. 116.

Commun sur le tronc des saules. Moulin de Longeau.

11. Polypore amadouvier : *Polyporus igniarius* (Fries.)
V. A. *Obtusus*.
Boletus igniarius. (Bull. t. 82. et 454.)
DC. fl. fr. 2. p. 117.
V. B. *Pomaceus*.
Polyporus pomaceus. (Pers.)

La variété A n'est pas rare sur les troncs des saules. La variété B se trouve dans les vergers, principalement sur les troncs de cerisiers et de pommiers ; elle est commune.

12. Polypore des souterrains: *Polyporus cryptarum*. (Fries.)
Boletus cryptarum. (Bull. t. 478.)
DC. fl. fr. 2. p. 114.

Cette espèce qui croît ordinairement dans les souterrains et les caves, a été trouvée près du moulin de Saint-Julien, sur les vieilles poutres au bord de l'eau.

13. Polypore de vaillant : *Polyporus Vaillantii*. (Fries.)
Boletus Vaillantii. (DC. fl. fr. 5. p. 38.)
Vaill. bot. t. 8. f. 1.

Sur les vieilles souches et sur les poutres dans les caves. Assez rare.

XII. DÆDALÉA : *Dædalea*. (Pers.)

1. Dædaléa odorante : *Dædalea suaveolens*. (Pers.)
Boletus suaveolens. (Bull. t. 310.)
DC. fl. fr. 2. p. 118.

Sur les vieux troncs de saules, en automne. Cette espèce exhale une forte odeur d'anis qui la fait facilement reconnaître.

2. Dædaléa unie : *Dædalea unicolor.* (Fries.)
Boletus unicolor. (Bull. t. 501. fig. 3 et 408.)
DC. fl. fr. 2. p. 115.

Croît sur les vieilles souches, en automne. Chambière, sur les vieilles palissades des fortifications.

3. Dædaléa raboteuse : *Dædalea confragosa.* (Pers.)
Boletus labyrinthiformis. (Bull. t. 491. fig. 1.
DC. fl. fr. 2. p. 117.

Sur les troncs d'alisiers (*Pyrus torminalis*). Bois d'Ars et de Vaux.

4. Dædaléa subéreuse : *Dædalea suberosa.* (Dub.)
Boletus suberosus. (Bull. t. 482.)
DC. fl. fr. 2. p. 116.

Croît sur les troncs et les pieux. Palissades des fortifications.

5. Dædaléa de chêne : *Dædalea quercina.* (Pers.)
Agaricus labyrinthiformis. (Bull. t. 352. 442. f. 1.)
Agaricus quercinus. (Lin.)
DC. fl. fr. 2. p. 133.

Croît sur les vieux troncs et les bois de charpente. a forme et sa grandeur varient beaucoup. Elle est commune.

XIII. SCHIZOPHYLLE : *Schizophyllum.* (Freis.)

1. Schizophylle commun : *Schizophyllum commune.* (Freis.)
Agaricus alneus. (Lin.)
Bull. champ. t. 346. 581 fr. r.
DC. fl. fr. 2. p. 134.
Vaill. Bot. par. t. 10. f. 7.

Très-commun sur les vieux troncs d'arbres, les charpentes, au Saulcy.

XIV. MÉRULE : *Merulius*. (Fries).

1. Mérule tremelle : *Merulius tremellosus*. (Schrad.)
   DC. fl. fr. 2. p. 132.

Sur les troncs pourris ou coupés, dans les bois. Août, décembre.

XV. CHANTERELLE : *Cantharellus*. (Adans.)

1. Chanterelle les mousses : *Chantharellus muscigenus*. (Fries.)
   Merulius muscigenus. (Pers.)
   DC. fl. fr. 2. p. 131.
   Agaricus muscigenus. (Bull. t. 288).

Croît sur les mousses vivantes, en automne. Pelouses de Woippy, aux Étangs.

2. Chanterelle crépue : *Cantharellus crispus*. (Fries.)
   Merulius crispus. (Pers).
   DC. fl. fr. 2. p. 43.

Sur les rameaux et les troncs de plusieurs arbres, principalement du hêtre et du coudrier; en automne et en hiver. Bois de Châtel.

3. Chanterelle corne d'abondance : *Cantharellus cornucopioïdes*. (Freis.)
   Merulius cornucopioïdes. (Pers.)
   DC. fl. fr. 2 p. 130.
   Helvella cornucopioïdes. (Bull. t. 130 et 498 f. 3.
   Vaill. bot. paris. t. 13. f. 2. 3.

Bois de Woippy; août, septembre.

4. Chanterelle hydropique : *Cantharellus hydrolips*. (Dub.)
   Merulius hydrolips. (DC. fl. fr. 2 p. 130.
   Merulius cinereus (Pers.)
   Helvella hydrolips. (Bull. t. 465 fr. 2.

Bois de Woippy, en automne.

5. Chanterelle comestible : *Cantharellus cibarius*. (Fries.)
Merulius cantharellus (Pers).
DC. fl. fr. 2. p. 128.
Agaricus cantharellus. (Lin.)
Bull. champ. t. 62 et 505. f. 1.

Dans les bois de Montoy ; de juillet en novembre. *Comestible.*

XVI. AGARIC : *Agaricus*, (Lin).

1. Agaric radié : *Agaricus radiatus*. (Bolt.)
Agaricus stercorarius. (Bull. t. 68.)
DC. fl. fr. 2. p. 150.

Croît sur les fumiers, en automne. Saint-Julien. Assez commun.

2. Agaric éphémère : *Agaricus ephemerus*. (Bull.)
Agaricus momentaneus. (Bull. t. 128.)
DC. fl. fr. 2. p. 149.

Cette espèce, ainsi que son nom l'indique, ne végète pas au-delà d'un jour. Elle croît sur le fumier, en août et en septembre. Très-commun.

3. Agaric tomenteux : *Agaricus tomentosus*. (Bolt.)
Bull. t. 138.
DC. fl. fr. 2. p. 147.

Croît en automne, sur le terreau dans les jardins.

4. Agaric micacé : *Agaricus micaceus*. (Bull.)
Bull. t. 246 et 565.
DC. fl. fr. 2. p. 148.

Dans les prés, les jardins et sur les fumiers. Septembre. Commun.

5. Agaric a encre : *Agaricus atramentarius*. (Bull.)
Bull. t. 164.
DC. fl. fr. 2. p. 147.

Les feuillets de ce champignon se fondent en une eau noire, avec laquelle Bulliard a fait de l'encre pour le lavis. Il croît en groupe dans les lieux humides, sur les vieilles racines. On l'observe pendant presque toute l'année, il n'est cependant pas commun.

6. Agaric en forme de dé : *Agaricus digitaliformis*. (Bull.)
Bull. t. 22 et 525 f. 1.
DC. fl. fr. 2 p. 149.

Croît en automne au pied des arbres qui bordent les fossés, au ban Saint-Martin.

7. Agaric entassé : *Agaricus congregatus*. (Bull.)
Bull. t. 94.
DC. fl. fr. 2. p. 151.

Commun en été et en automne dans les jardins. Il croît à l'ombre.

8. Agaric disséminé : *Agaricus disseminatus*. (Pers.)

Cette espèce, commune au printemps et en automne au pied des peupliers, paraît être une variété de l'*agaric en forme de dé*.

9. Agaric strié : *Agaricus striatus* (Bull.)
Bull. t. 552. f. 2.
Agaricus plicatus (Schœff.)
Bull. t. 80.
DC. fl. fr. 2. p. 153.

Croît solitaire dans les bois et dans les prés, sur la terre, en septembre. Assez rare.

10. Agaric papilionacé : *Agaricus papilionaceus.* (Bull.)
   Bull. t. 58 et t. 561. f. 2.
   DC. fl. fr. 2. p. 151.

Croît en été sur les feuilles pourries. Il n'est pas rare sous les arbres qui ornent la plaine du Ban-Saint-Martin et dans les jardins de la ville de Metz.

11. Agaric du terreau : *Agaricus fimiputris.* (Bull.)
   Bull. t. 66.
   DC. fl. fr. 2. p. 151.

Sur les couches de jardins, en automne. Commun.

12. Agaric lustré : *Agaricus nitens.* (Bull.)
   Bull. t. 84.
   DC. fl. fr. 2. p. 202.
   Agaricus separatus. (Lin.)?

Croît solitaire sur les bouses de vache, dans les prés et les bois, en été.

13. Agaric a appendices : *Agaricus appendiculatus* (Bull.)
   Bull. t. 392.
   DC. fl. fr. 2. p. 156.

Croît par groupes dans les bois et les jardins, en automne. L'Agaric a feuillets violets : *Agaricus violaceo-lamellatus* (DC. fl. fr. 2. p. 153) est réuni par Duby à l'*Agaricus appendiculatus*. Nous n'avons pas eu occasion d'observer cette variété.

14. Agaric hydrophile : *Agaricus hydrophilus.* (Bull.)
   Bull. t. 511.
   DC. fl. fr. 2. p. 201.

Ce champignon est commun dans nos bois, surtout après les grandes pluies d'automne.

15. Agaric ventru : *Agaricus ventricosus.* (Bull.)
Bull. t. 411. f. 1.
DC. fl. fr. 2. p. 160.

Croît dans les bois de Fèves, en été.

16. Agaric fasciculé : *Agaricus fascicularis.* (Bolt.)
Agaricus pulverulentus. (Bull. t. 178).
DC. fl. fr. 2. p. 155.

Sur les souches pourries, dans les bois de Woippy, Borny, Saulny, en été et en automne.

17. Agaric amer : *Agaricus lateritius.* (Schæff.)
Agaricus amarus. (Bull. t. 30 et 562.)
DC. fl. fr. 2. p. 155.

Sur les troncs pourris dans les bois, aussi dans les jardins sur les planches des couches. Automne, le long des Étangs de Lorry, lieux humides du bois de Woippy.

18. Agaric larmoyant : *Agaricus lacrymabundus.* (Bull.)
Bull. t. 525. f. 3.
DC. fl. fr. 2. p. 146.

Croît sur les troncs d'arbres et sur la terre dans les bois; d'août en octobre. Très-commun dans les bois près de Hargarten-aux-Mines, et dans les bois de Woippy et de Saulny.

19. Agaric azuré : *Agaricus œruginosus.* (Curt.)
Agaricus cyaneus (Bull. t. 170 et 530. f. 1.)
DC. fl. fr. 2. p. 157.

Sur les troncs d'arbres dans les bois, en automne. Très-commun à Frescati, et généralement dans les lieux plantés de noisetiers (Coudraies).

20. Agaric comestible : *Agaricus edulis.* (Bull.)
Bull. t. 134 et 514.

DC. fl. fr. 2. p. 157.
Agaricus campestris. (Linn.)

Ce champignon que l'on cultive fréquemment, se trouve souvent spontané dans les prés et les jardins. On l'a observé aussi sur les remparts de Chambière, du Fort-Moselle, sur les terres nouvellement retournées. Août, septembre et octobre. Une variété à feuillets noirs observée sur les remparts des Allemands paraît être un individu dont les feuillets ont noirci avec l'âge. Très-commun dans les champs de pommes de terre et au Bois-Brûlé, près de la Seille, derrière Magny.

21. AGARIC TRANSPARENT : *Agaricus translucens.* (DC.)
DC. fl. fr. 5. p. 43.

Cette espèce rare, indiquée autour de Montpellier, a été trouvée près de Briey, au lieu dit la *Sangsue*, sur des saules plantés au bord de la rivière (M. Léo).

22. AGARIC CONTIGU : *Agaricus contiguus.* (Bull.)
Bull. t. 240 et 576.
DC. fl. fr. 2. p. 171.
Agaricus involutus. (Batsch.)

Croît sur la terre dans les bois de Montoy, à Colombé, Antilly. Août.

23. AGARIC ONDULÉ : *Agaricus undulatus.* (Bull.)
Bull. t. 535. f. 2.
DC. fl. fr. 2. p. 174.

Paquis au-dessus de Woippy, sur la terre où il est commun.

24. AGARIC PYGMÉE : *Agaricus pygmœus.* (Bull.)
Bull. t. 525. f. 2.
DC. fl. fr. 2. p. 166.

Croît sur les bois morts, le long du ruisseau de Vallières.

25. Agaric échaudé : *Agaricus crustuliniformis*. (Bull.)
Bull. t. 308 et 546.
DC. fl. fr. 2. p. 191.

Assez commun en automne dans les bois et quelquefois dans les prairies ; Colombé. *Vénéneux ; odeur nauséabonde.*

26. Agaric des bois morts : *Agaricus xylophilus*. (Bull.)
Bull. t. 538. f. 2.
DC. fl. fr. 2. p. 197.
Agaricus caudicinus. (Pers.)

Sur les bois morts, en mai, juin ; Borny, Grimont. Assez commun.

27. Agaric écailleux : *Agaricus squamosus*. (Bull.)
Bull. t. 266.
DC. fl. fr. 2. p. 201.

Croît sur les vieilles souches dans les bois, en automne. Vigneulles, la Horgne au Sablon ; rare.

28. Agaric chatain : *Agaricus castaneus*. (Bull.)
Bull. t. 268.
DC. fl. fr. 2. p. 199.

Très-rare. Bois de Vigneulles, Clouanges, Rombas. Inodore ; *comestible.*

29. Agaric sideroïde : *Agaricus sideroïdes*. (Bull.)
Bull. t. 588.
DC. fl. fr. 5. p. 46.

Croît sur la terre au bord des chemins ; assez rare.

30. Agaric a tête grenue : *Agaricus psammocephalus*. (Bull.)
Bull. t. 531. f. 2 et t. 586. f. 1.
DC. fl. fr. 2. p. 196.

Pelouses de Woippy.

31. Agaric aranéux : *Agaricus araneosus.* (DC.)
Agaricus araneosus violaceus. (Bull. t. 250.)
DC. fl. fr. 2. p. 198.
Agaricus violaceus. (Lin.)

Ce champignon présente une foule de variétés qui ne diffèrent entre elles que par les nuances des couleurs du chapeau ; nous n'avons indiqué que la plus commune. On le trouve dans les bois, en automne. Sous les arbres, au Ban-St-Martin ; pelouses de Woippy, sous les nouvelles plantations d'arbres.

32. Agaric taché de sang : *Agaricus hæmatochelis.* (Bull.)
Bull. t. 596. f. 1.
DC. fl. fr. 2. p. 199.

Au pied des hêtres dans les bois ; en automne. Colombé, Ars-la-Quenexy, Courcelles-Chaussy, Borny.

33. Agaric satiné : *Agaricus sericeus.* (Bull.)
Bull. t. 413. f. 2.
DC. fl. fr. 2. p. 189.

Dans les bois, le long des prés et des chemins ; en automne. Très-commun au-dessus de Woippy, autour de Belle-Croix.

34. Agaric sinué : *Agaricus sinuatus.* (Bull.)
Bull. t. 579. f. 1.
DC. fl. fr. 2. p. 182.

Croît solitaire sur la terre, à Woippy, autour des Étangs, bois de Vaux.

35. Agaric a graines rouges : *Agaricus phonospermus.* (Bull.)
Bull. t. 590.
DC. fl. fr. 2. p. 187.

Croît en automne, dans les prés et dans les lieux découverts des bois.

36. Agaric mousseron : *Agaricus prunulus*. (Pers.)
Agaricus mousseron. (Bull. t. 142.)
Agaricus albellus. (Schæff.)
DC. fl. fr. 2. 176.

Comestible. Odeur de farine récente. Dans les friches et les bois ; de juin en octobre. Varie dans sa forme et sa grandeur. Sablon, Chambière.

37. Agaric styptique : *Agaricus stypticus*. (Bull.)
Bull. t. 140, 507. f. 1.
Fl. fr. 2. p. 136.

Sur les troncs desséchés, en automne et en hiver. *Saveur styptique.* Ars-Laquenexy.

38. Agaric pétale : *Agaricus petaloïdes*. (Bull.)
Bull. t. 226 et 557. f. 2.
Fl. fr. 2. p. 136.

Sur les troncs des hêtres ; en automne. Dans les grands bois au-dessus de Vigneulles.

39. Agaric en forme de conque : *Agaricus conchatus*. (Bull.)
Bull t. 298.
Agaricus inconstans V. B. (Pers.)
DC. fl. fr. 2. p. 137.

Croît latéralement sur les vieux troncs d'arbres vivans, de juillet en septembre. A la Bonne-Fontaine, bords de la Moselle, près de Malroy. Assez rare.

40. Agaric rayé : *Agaricus lineatus*. (Bull.)
Bull. t. 522. f. 3.
DC. fl. fr. 2. p. 162.

Saussaies de la Moselle ; en septembre.

41. Agaric adonis : *Agaricus Adonis*. (Bull.)
Bull. t. 560. f. 2.
DC. fl. fr. 2. p. 164.

Croît par touffes dans tous les bois humides, sur les rameaux tombés; de juin en novembre. Grimont, Woippy, vallée de Mance.

42. AGARIC ROSE : *Agaricus roseus*. (Pers.)
Agaricus fistulosus. (Bull. t. 518. f. P.)
DC. fl. fr. 2. p. 165.

Sur les branches mortes; d'août en novembre. Vallières. Assez rare.

43. AGARIC PIED MENU : *Agaricus filopes*. (Bull.)
Bull. t. 320.
DC. fl. fr. 2. p. 161.

Parmi les mousses, dans les bois. Août, octobre. Saulny, Fèves, Vigneulles. Pas commun.

44. AGARIC ANDROSACE : *Agaricus androsaceus*. (Lin.)
Agaricus epiphyllus. (Bull. t. 569 f. 3.
DC. fl. fr. 2. p. 164.

Commun dans les bois sur les feuilles tombées. Septembre.

45. AGARIC EN ROUE : *Agaricus rotula*. (Scop.)
DC. fl. fr. 2. p. 138.
Agaricus androsaceus. (Bull. t. 64, 569. f. 3.

Dans les bois sur les souches et les feuilles pourries, en été et en automne. Commun.

46. AGARIC DES RAMEAUX : *Agaricus ramealis*. (Bull.)
Bull. t. 336.
DC. fl. fr. 2. 193.

Sur les branches mortes, en automne, dans les jardins, sur les rosiers, les framboisiers, etc. Commun.

47. AGARIC CLOU : *Agaricus clavus*. (Bull.)
Bull. t. 148.

DC. fl. fr. 2. p. 165 (en partie.)
Vaill. bot. par. t. 11. f. 19. 20.

Assez commun sur les feuilles mortes et le bois pourri, d'août en octobre.

48. AGARIC ALLIACÉ : *Agaricus alliaceus.* (Bull.)
Bull. t. 158 et t. 524.
DC. fl. fr. 2 p. 160.
Agaricus porreus. (Freis.)

Dans les bois sur les feuilles mortes. Montoy-la-Montagne, Saulny ; en septembre. *Exhalant une forte odeur d'ail.* Rare.

49. AGARIC FAUX-MOUSSERON : *Agaricus tortilis.* (DC.)
DC. fl. fr. 2. p. 525.
Agaricus pseudo-mousseron. (Bull. t. 144.)
Agaricus orcades. (Bolt.)

Croît en automne, dans les friches. Au Sablon, au Saulcy. *Odeur faible, mais agréable. Mangeable.* Assez commun.

50. AGARIC MÉTACHROUS : *Agaricus metachrous.* (Fries.)
Agaricus cyathiformis. (Bull. t. 248.)

Sur la terre, de septembre en décembre. Woippy. *Inodore.*

51. AGARIC EN COUPE : *Agaricus cyathiformis.* (Bull.)
Bull. t. 575. 568. f. 1.
DC. fl. fr. 2. p. 170.
Vaill. bot. t. 14. f. 1 — 3.

Croît parmi la mousse et les vieilles souches dans les bois couverts ; en automne.

52. AGARIC EN ENTONNOIR : *Agaricus infundibuliformis.* (Bull.)
Bull. t. 286 et 553.
DC. fl. fr. 2. p. 170. (*Excl. syn.*)

Sur les feuilles tombées dans les bois, en automne. Borny, Colombé, Chieulles, Mercy-le-Haut.

53. Agaric aqueux : *Agaricus aquosus.* (Bull.)
    Bull. t. 17.
    DC. fl. fr. 2. p. 154.

Dans les bois ombragés, parmi les mousses, à la fin de l'été. Assez rare. Woippy, Borny.

Agaric des forêts : *Agaricus driophilus.* (Bull.)
    Bull. t. 434.
    DC. fl. fr. 2. p. 166.

Dans les forêts, sur les feuilles mortes et la mousse. Assez commun dans les pépinières d'arbres verts près du bois de Borny. *Odeur et saveur nulles.*

56. Agaric en roseau : *Agaricus arundinaceus.* (Bull.)
    Bull. t. 403. f. A.
    DC. fl. fr. 2. p. 159.

Dans les prés humides, en automne. Assez rare. Jouy, Corny.

57. Agaric tortu : *Agaricus contortus.* (Bull.)
    Bull. t. 36.
    DC. fl. fr. 2. p. 185.

Dans les bois et les lieux ombragés, en été. Assez rare. Vigneulles, Vallières.

58. Agaric butireux : *Agaricus butyraceus.* (Bull.)?
    Bull. t. 572.
    DC. fl. fr. 2. p. 181.

Parmi les feuilles tombées, dans les bois, juin, octobre. *Chair blanche.* Montoy-la-Montagne, Briey. Rare.

59. Agaric vineux : *Agaricus vinosus.* (Bull.)
    Bull. t. 54.
    DC. fl. fr. 2. p. 173.

Dans les bois sablonneux, en automne. *Saveur vineuse*

et salée, mais pas de mauvaise odeur. Les Étangs. Rare. Variété du précédent, selon quelques auteurs.

60. Agaric pied en fuseau : *Agaricus fusipes.* (Bull.)
　Bull. t. 516. f. 2.
　DC. fl. fr. 2. p. 176.

Dans les bois sur les troncs pourris, de juillet en novembre. *Saveur acide, mangeable.* Woippy. Rare.

61. Agaric élancé : *Agaricus longipes.* (Bull.)
　Bull. t. 515.
　DC. fl. fr. 2. p. 184.

Dans les bois, sur les troncs pourris et sur les racines des arbres. Juin, septembre. Saulny, Colombé, Grimont.

62. Agaric a feuillets en coin : *Agaricus cuneifolius.* (Fries.)
　Agaricus ovinus. (Bull. t. 580. A. B.)

Sur la terre, dans les friches, le long des routes, au Sablon. *Odeur de farine nouvelle.*

63. Agaric couleur de soufre : *Agaricus sulphureus.* (Bull.)
　Bull. t. 168, 545 f. 2.
　DC. fl. fr. 2. p. 183.

Dans les bois, sur la terre, en automne. *Odeur fétide, celle de chenevis pourri.* Woippy, Saulny, Grimont, Borny. Très-commun.

64. Agaric des pacages : *Agaricus ovinus.* (Bull.)
　Bull. t. 580. (Excl. A. B.)
　DC. fl. fr. 2. p. 177.

Dans les pacages et le long des routes, au Sablon avec *l'Agaric à feuillets en coin*, exhalant comme lui une *odeur de farine nouvelle.*

65. Agaric arqué : *Agaricus arcuatus*. (Bull.)
   Bull. t. 443 et 589 f. 1.
   DC. fl. fr. 2. p. 181.

Commun en automne, sur la terre, dans les bois, les prés, etc.

66. Agaric améthyste : *Agaricus amethysteus*. (Bull.)
   Bull. t. 198.
   DC. fl. fr. 2. 172.

Il n'est pas rare dans les bois, surtout dans les lieux humides. Juin, novembre. Frescati, Grimont.

67. Agaric virginal : *Agaricus virgineus*. (Wulf.)
   DC. fl. fr. 2. p. 168.
   Agaricus ericeus. (Bull. t. 188.)

Commun en automne, au Saulcy et généralement dans les prés secs et les friches. On l'appelle vulgairement *mousseron*. *Comestible*.

68. Agaric ficoïde : *Agaricus ficoïdes*. (Bull.)
   Bull. t. 587. f. 1.
   DC. fl. fr. 2. p. 173.

Croît dans les prés, d'août en novembre.

69. Agaric en fuseau : *Agaricus fusiformis*. (Bull.)
   Bull. t. 76.
   DC. fl. fr. 2. p. 177.

Dans les bois, au printemps et à l'automne. Woippy, Grange-aux-Ormes. Assez rare.

70. Agaric petit bonnet : *Agaricus pileolarius*. (Bull.)
   Bull. t. 400.
   DC. fl. fr. 2. p. 173.
   Agaricus nebularis. (Batsch.)

Dans les bois, sur les feuilles pourries, au commencement de l'automne. *Légèrement odorant. Mangeable.* Colombé. Commun.

71. Agaric poivré : *Agaricus piperatus.* (Scop.)
   Agaricus acris. (Bull. t. 200.)
   DC. fl. fr. 2. p. 141. V. B.

Croît dans les bois. Mercy-le-Haut, Woippy.

72. Agaric a larmes laiteuses : *Agaricus dycmogalus.* (Bull.)
   Bull. t. 584.
   DC. fl. fr. 2. p. 141.

Dans les bois. Pas très-commun.

73. Agaric douceatre : *Agaricus subdulcis.* (Pers.)
   DC. fl. fr. 2. p. 144.
   Agaricus dulcis. (Bull. t. 224. AB.

Dans les bois, en été et en automne. *Odeur pénétrante, analogue à celle du melilot bleu.*

74. Agaric délicieux : *Agaricus deliciosus.* (Lin).
   DC. fl. fr. 2. p. 143.

Comestible d'après Persoon. « On dit qu'elle est
» bonne à manger; son odeur et les qualités nuisibles,
» communes aux agarics laiteux, doivent engager à
» s'en défier. DC. » Au pied des sapins, à Colombé.
Juillet, novembre.

75. Agaric meurtrier : *Agaricus necator.* (Bull.)
   Bull. t. 14.
   Agaricus necator. B. (DC. fl. fr. 2. p. 143.)

Dans les bois, d'août en octobre. *Très-vénéneux.*
Woippy, Grimont, Colombé. Rare.

76. Agaric vénéneux : *Agaricus torminalis.* (Schaff.)
   Agaricus necator. (Bull. t. 529. f. 1.

Dans les bruyères et les lieux arides, de juin en octobre. *Vénéneux.* Les Étangs.

77. Agaric noircissant: *Agaricus nigricans.* (Bull.)
   Bull. t. 212.
   DC. fl. fr. 2. p. 156.

Dans les bois, les lieux secs et nus. Coteaux de Rozérieulles. Automne. *Odeur faible, douceâtre.*

78. Agaric rouge: *Agaricus ruber.* (DC.)
   DC. fl. fr. 2. p. 140.
   Agaricus sanguineus. (Bull. t. 42.)

Dans les bois, d'août en septembre. Montoy, 8 août. Assez commun. *Très-amer et très-dangereux.*

79. Agaric blanc-cendré: *Agaricus cinerescens.* (Bull.)
   Bull. t. 428.
   DC. fl. fr. 2. p. 187.

Dans les bois; en automne. Woippy.

80. Agaric couleur de froment: *Agaricus frumentaceus.*
   Bull. t. 571. f. 1.
   DC. fl. fr. 2. p. 187.

Dans les bois, sur la fin de l'été. Briey. Rare.

81. Agaric a tête blanche: *Agaricus leucocephalus.* (Bull.)
   Bull. t. 428. f. 1.
   DC. fl. fr. 2. p. 189.

Dans les bois, d'août en octobre. Woippy, Vaux. *Inodore, comestible.*

82. Agaric argenté: *Agaricus argyraceus.* (Bull.)
   Bull. t. 423. f. 1. t. 513. f. 2.
   DC. fl. fr. 2. p. 190.
   Agaricus terreus, (Schæff.)

Dans les bois, sur la terre. Assez commun.

83. Agaric glutineux: *Agaricus glutinosus.* (Bull).
   Bull. t. 587. f. 2.
   DC. fl. fr. 2. p. 195.

Sur la terre, en automne. Frescati, Colombé, Bloury.

84. Agaric blanc d'ivoire : *Agaricus eburneus.* (Bull.)
   Bull. t. 118 et 551. f. 2.
   DC. fl. fr. 2. p. 174.

Dans les bois, en automne. *Brillant quand il est sec.* Rombas, Moyeuvre.

85. Agaric des bruyères : *Agaricus ericetorum.* (Bull.)
   Bull. t. 551. f. 1.
   DC. fl. fr. 2. p. 175.

Avec le précédent auquel il ressemble beaucoup.

86. Agaric annulaire : *Agaricus annularius.* (Bull.)
   Bull. t. 377.
   DC. fl. fr. 2. p. 203.

Dans les bois, sur les vieux troncs d'arbres, d'août en octobre. Woippy, Borny, Saulny. *Vénéneux.*

87. Agaric pilule : *Agaricus piluliformis.* (Bull.)
   Bull. t. 112.
   DC fl. fr. 2. p. 201.

Entre les mousses et sur le pied des arbres, commun dans tous les bois ; au ban Saint-Martin, dans les trous creusés aux pieds des arbres. Septembre, octobre. *Chair ferme.*

88. Agaric en bouclier : *Agaricus clypeolarius.* (Bull.)
   Bull. t. 405.
   DC. fl. fr. 2. p. 206.

Il n'est pas rare dans les bois entre Lorry et Saulny, sur les hauteurs au-dessus de Vigneulles. Août, octobre. *Odeur et saveur nulles.*

89. Agaric élevé : *Agaricus procerus.* (Scop.)
   DC. fl. fr. 2. p. 207.
   Agaricus colubrinus (Bull. t. 78.)

Parc de la Grange-aux-Ormes, sous les arbres, d'août en novembre. *Comestible.* Très-rare.

90. Agaric solitaire : *Agaricus solitarius*. (Bull.)
   Bull. t. 48 et t. 593.
   DC. fl. fr. 2. p. 208.

Croît dans les bois, à l'ombre, en été. Colombé, Ars-la-Quenexy. Assez rare. *Vénéneux d'après Duby, d'un goût exquis d'après Decandolle.*

91. Agaric moucheté : *Agaricus muscarius*. (Lin.)
   DC. fl. fr. 2. p. 208.
   Agaricus pseudo-aurantiacus. (Bull. t. 122).
   Oronge fausse.

Assez commun dans les bois, à Borny. *Vénéneux*. Présente plusieurs variétés à chapeau de couleurs diverses.

92. Agaric oronge : *Agaricus aurantiacus*. (Bull.)
   Bull. t. 120.
   DC. fl. fr. 2. p. 209.
   Agaricus cæsareus. (Schæff.)
   Oronge vraie.

Trouvé une fois au Saulcy. *Comestible.*

93. Agaric engainé : *Agaricus vaginatus*. (Bull.)
   Bull. t. 512.
   DC. fl. fr. 2. p. 211.

Au Sablon, après les moissons. Croît ordinairement au bord des bois. *Mangeable.*

94. Agaric faux-phallus : *Agaricus phalloïdes*.
   Bull. t. 2. et t. 577.
   Agaricus bulbosus et verrucosus. (DC. fl. fr. 2.
      p. 210. et 209.)
   Vaill. bot. t. 14. f. 5.

Dans les bois, près de Bloury. Assez commun. Vallée de Monvaux. Septembre. *Très-vénéneux.*

XVII. SATYRE : *Phallus*.

1. Satyre fétide : *Phallus impudicus*. (Lin.)
   Bull. t. 182.
   DC. fl. fr. 2. p. 214.

Bois de Montoy-la-Montagne, du 4 au 24 août. Chapeau noir chez quelques individus. *odeur cadavéreuse.*

Description d'une espèce d'Agaric qui n'est point figurée dans Bulliard, et dont nous n'avons pu trouver la synonymie.

Agaric....? *Agaricus....?*

Point de volva ni de collier ; feuillets sans enveloppe dans leur jeunesse ; pédoncules solitaires ou réunis à leur base au nombre de deux ou trois, plus longs que le diamètre du chapeau, pleins, renflés à la base, d'un blanc mat, à stries longitudinales, incomplètes, légèrement veloutés ; chapeau hémisphérique, puis conique, puis plane, de deux à trois pouces de diamètre ; bords entiers ; peau satinée d'un blanc sale, marquée quelquefois de taches roussâtres, entière, excepté au sommet où elle se fendille de manière à former dans quelques individus un amas de rugosités ; feuillets rosâtres ou couleur de chair, inégaux, libres et arqués ; suc limpide ; chair spongieuse, se déchirant irrégulièrement, blanche et ne changeant pas de couleur.

Croît sur le terreau dans les couches. Pépinières de l'Est, 18 juin 1838.

www.ingramcontent.com/pod-product-compliance
Lightning Source LLC
LaVergne TN
LVHW021711080426
835510LV00011B/1723